# HSK 汉俄

# 分频词汇

# Частотная лексика китайского языка для экзамена HSK

五级

编制：曼达瑞语言学校

主编：杨　莹

编者：吴晓华　刘钰涵　姚　萍　杨　晗

俄文翻译：Nikolaeva Maria

SinolinguA

华语教学出版社

Первое издание 2016

ISBN 978-7-5138-1029-6

Издатель: Издательство «Sinolingua»
КНР, 100037, г. Пекин, ул. Байваньчжуан-дацзе, д. 24
Контактный телефон: (86)10-68320585 68997826
Факс: (86)10-68997826 68326333
http://www.sinolingua.com.cn
E-mail: hyjx@sinolingua.com.cn
Facebook:www.facebook.com/sinolingua
Отпечатано в типографии
«Хуцай», г. Пекин

*Напечатано в Китайской народной республике*

# 前言

为了帮助考生顺利通过新汉语水平考试（HSK），提高汉语词汇水平，我们根据《新汉语水平考试大纲》和历次新汉语水平考试真题，有针对性地策划了“HSK 分频词汇”系列图书。

“HSK 分频词汇”系列包含 1-3 级、4 级、5 级和 6 级四册，每册均有汉英、汉法、汉西、汉俄、汉阿、汉日、汉韩、汉泰 8 个语种版本。本系列以历次新汉语水平考试真题词汇出现频率为依据，共收录全部大纲词汇 5000 个。这些词汇通过电脑分频准确地统计出出现次数，并按照其出现的高低频次进行编排，便于考生确定科学合理的记忆顺序，从而快捷高效地掌握核心词汇。作为一套考试词汇用书，本系列图书具有以下几个方面的特点：

1. 电脑科学分频，记忆顺序合理。本系列图书打破了按字母顺序罗列大纲词汇的传统做法，采用历次真题单词出现的频率作为统计依据，对历次真题中出现的词汇进行精确统计和分析，按照词频高低进行排列，为考生在记忆词汇过程中时间上的分配和记忆顺序提供了科学依据。

2. 汉字、拼音、词性、释义布局合理。本系列图书对每条词汇下的各项内容进行精心布局，更符合学生记忆、背诵需要，无需借用外物遮挡释义记忆中文词汇，遮挡拼音记忆汉字。

3.例句贴近真题,科学、实用。每个词汇有1-2个例句，均贴近真题语言，可以帮助考生适应真题，了解真题考点，将词汇的记忆与考试科学地结合起来。

值得一提的是，超高频和高频词汇固然重要，但还有很多真题中仍未出现的“零频”大纲词汇需要考生注意，将来的试题很可能会特殊“关照”一下这类词汇。

本系列图书对于多音字词和同形字词，均按照其在新汉语水平考试大纲中的编排设计，考生不必为这些特殊词汇烦恼。

最后，祝愿所有考生能够借助本系列图书科学地记忆汉语词汇，顺利通过新汉语水平考试！

全球HSK策划大队

# Вступление

Для того, что бы помочь студентам успешно сдать экзамен на уровень владения китайским языком HSK и расширить словарный запас, согласно "Общему постановлению об HSK" и неоднократно проводимым экзаменам мы специально спроектировали серию материалов "Сборник лексики HSK".

"Сборник лексики HSK" включает в себя издания для 1-3 уровней, 4 уровня, 5 уровня и 6 уровня. Издание каждого уровня переведено на английский, испанский, русский, арабский, японский, корейский и тайский языки. Серия материалов создана с опорой на слова, часто встречающиеся в экзаменационных материалах, список которых в целом составляет 5000 слов. Частота использования слов, которые представлены в данном издании, подсчитана с помощью специального программного обеспечения. Слова, предлагаемые в издании, представлены исходя из частотности их употребления, что делает процесс запоминания слов наиболее простым и логически обоснованным. Благодаря этому ученик быстро овладевает необходимым словарным минимумом.

Данная серия предназначена для

подготовки к экзамену и обладает следующими особенностями:

1. Логически обоснованный порядок слов в списке. В отличие от традиционного построения словарного списка по алфавиту, словарный список в данном издании построен по принципу частоты использования слов в экзаменационных материалах. Это делает процесс запоминания слов более продуктивным и успешным.

2. В сборнике приведена вся необходимая информация о слове: иероглифы, фонетическая транскрипция пиньинь, грамматические особенности, перевод. Тщательный подбор необходимой информации гарантирует то, что студенту не придется дополнительно обращаться к другим источникам.

3. Приведенные примеры близки к реальной жизни и соответствуют содержанию экзамена. Каждое слово иллюстрируется несколькими примерами словоупотребления, что помогает ученику приспособиться к формату экзамена, понять его особенности.

Однако, стоит упомянуть, что невозможно избежать появления в экзаменационных материалах достаточно редких слов, на которые специально будет обращаться внимание экзаменуемого.

Согласно “Общему постановлению об HSK” в данном пособии так же представлены иероглифы с несколькими вариантами чтения и омонимы.

Надеемся, что данное пособие поможет всем изучающим китайский язык добиться успеха в расширении словарного запаса и удачно сдать экзамен HSK!

Всемирный комитет HSK

# 超高频词汇

**生活** shēnghuó 名词

жизнь

❶ 生活的味道是酸、甜、苦、辣、咸的。
❷ 生活是什么？不同的人有不同的看法。

**之** zhī 助词、代词

показатель определения, из

❶ 爱情是最美好的情感之一。
❷ 失败是成功之母。

**与** yǔ 介词、连词

предлог с, к; союз и

❶ 研究证明，女孩子们对衣服颜色的选择往往与她们的性格有关。
❷ 手机拉近了人与人之间的距离。

**刚** gāng 副词

только что

❶ 他刚下飞机。
❷ 不少人刚开始运动时，会感觉十分无聊。

**活动** huódòng 名词、动词

деятельность; двигаться

❶ “地球一小时”活动是从 2007 年开始的。
❷ 工作半天了，起来活动活动。

**而** ér 连词

но, однако

❶ 冬天北方比较干燥，而南方更湿润。
❷ 我们不应该为钱工作，而要让钱为我们工作。

**获得** huòdé 动词

приобретать, получать

❶ 无论成功还是失败，努力过的人都应获得掌声。
❷ 要获得别人的尊重，必须先尊重别人。

**坚持** jiānchí 动词

отстаивать, упорствовать в чём-либо

❶ 她每天都坚持写日记。
❷ 要想减肥成功，一定要坚持，不能怕累，否则很难有效果。

**方面** fāngmiàn 名词

сторона, область

❶ 我想问他几个法律方面的问题。
❷ 我觉得他各方面都很优秀。

**发展** fāzhǎn 动词、名词

развитие; развивать(ся)

❶ 网上购物在中国的发展速度很快。
❷ 随着科学技术的发展，很多问题已经得到解决。

**改变** gǎibiàn 动词

изменить(ся), переменить(ся)

❶ 他们不得不改变原来的计划。

❷ 习惯是不容易改变的。

**计划** jìhuà 名词

❶ 我们的任务已经按计划全部完成了。 план

❷ 小张，你这份计划书写得不错，就按照这个计划去做市场调查吧。

**当** dāng 动词、介词

❶ 我从小就想当一名记者。 становиться кем-либо; когда...

❷ 当机会到来时，千万不要放手。

**方法** fāngfǎ 名词

❶ 教育孩子要使用正确的方法。 метод, способ

❷ 正确的减肥方法是按时吃饭，多运动。

**经验** jīngyàn 名词

❶ 您能给我们介绍一下您的成功经验吗？ опыт

❷ 按照经验，人们往往认为夏天应该多穿白色衣服。

**考虑** kǎolǜ 动词

❶ 批评人的时候要考虑别人的感受。 учитывать, подумать

❷ 这个问题我还要再考虑一下。

**却** què 连词

❶ 虽然她俩是姐妹， однако, тем не менее

性格却很不一样。
❷说话虽然是生活中最普通的事，却并不简单。

**使** shǐ 动词

привести (к тому, что)

❶在中国生活的三年使他在音乐方面有了很多新的想法。
❷红色会让人变得热情，使人兴奋。

**往往** wǎngwǎng 副词

часто, в большинстве случаев

❶研究证明，女孩子们对衣服颜色的选择往往与她们的性格有关。
❷经常被鼓励的孩子往往更有信心。

**许多** xǔduō 数词

много

❶她出了许多汗。
❷许多家饭店的年收入都超过了亿元。

**租** zū 动词

арендовать

❶马上就要毕业了，你准备在学校附近租房子吗？
❷我现在租的这个房子有点儿吵，我想重新找个房子。

**最好** zuìhǎo 副词

лучше

❶你最好别告诉他答案。
❷最好不要直接拒绝别人的邀请。

**失败** shībài 名词

поражение, неудача

❶失败是成功之母。

❷ 年轻有很多好处，而最大的好处是可以不怕失败。

**材料** cáiliào 名词

данные, материал

❶ 小王，这份材料明天早上就要用，请你翻译一下。
❷ 他们的筷子用不同的材料做成，颜色也都不一样。

# 高频词汇

高频

**交流**　jiāoliú　动词

обмениваться, общаться

❶ 语言是人们表达看法、交流感情的工具。
❷ 人与人之间需要交流。

**情况**　qíngkuàng　名词

ситуация, положение

❶ 一般情况下，完全适应一个新的工作需要一年时间。
❷ 人们在没有压力的情况下，往往不想工作。

**适合**　shìhé　动词

подходить

❶ 秋天的北京是最漂亮的，天气很好，十分适合旅游。
❷ 您皮肤好，这几个颜色的衣服都适合您。

**知识**　zhīshi　名词

знания

❶ 这个节目我一直在看，它介绍了很多生活中的小知识。
❷ 这些语法知识太难了。

**减肥**　jiǎnféi　动词

худеть, похудение

❶ 想减肥就要坚持！
❷ 减肥不只是为了瘦，更是为了健康。

**结果** jiéguǒ 名词、连词

результат, в результате

❶ 你们今天讨论得怎么样？有结果吗？

❷ 现在很多人做事情的时候只是想着结果，从来都不关心过程。

**联系** liánxì 动词

связывать(ся)

❶ 您有什么特别要求或任何不清楚的地方欢迎和我们联系。

❷ 邀请别人吃饭，至少要提前一天联系。

**留** liú 动词

остаться, оставить

❶ 很多大学生毕业后希望留在大城市工作。

❷ 第一印象是指在第一次见面时给别人留下的印象。

**能力** nénglì 名词

способность

❶ 阅读能力好的人不但容易找到工作，而且工资也比较高。

❷ 有能力的人可以把复杂的事情变简单，而没能力的人却经常把简单的事情变复杂。

**心情** xīnqíng 名词

настроение

❶ 狗是一种聪明的动物，它能听懂人的话，明白人的心情。

❷ 科学研究证明，颜色会影响人的心情，不同的颜色会给人带来不同的感情变化。

高频

**取** qǔ 动词

забрать, получить

❶ 您好，我是谢教授的学生，他让我过来取材料。

❷ 如果方法错了，不管你怎么努力，也很难取得成功。

**挺** tǐng 副词

весьма, исключительно

❶ 我挺喜欢现在住的地方，很安静。

❷ 今天天气不错，挺凉快的，我们去公园走走？

**直接** zhíjiē 形容词

прямой; прямо

❶ 管理者在解决问题时，一定要选择最直接、最有效的方法。

❷ 舞会上最好不要直接拒绝别人的邀请。

**植物** zhíwù 名词

растение

❶ 海洋里的植物很少。

❷ 由于气候条件不同，世界各地植物叶子的样子也很不相同。

**专业** zhuānyè 名词

специальность

❶ 职业和专业并没有太大关系。

❷ 一般来说，专业游泳馆的水温在 22 度到 26 度之间。

**通过** tōngguò 介词、动词

через, по; пройти через; принят(о,а,ы)

❶ 通过收入水平可以了解一个地方的经济

高频

情况。
❷我的留学申请通过了。

**消息** xiāoxi 名词

❶这个消息让他非常激动。 сообщение, сведение
❷对记者来说，获得及时准确的消息极其重要。

**阳光** yángguāng 名词、形容词

❶我喜欢阳光，因为阳光给了万物生命。 солнечные лучи; солнечный
❷喜欢穿白色衣服的女孩子们性格比较阳光，生活态度积极向上是她们的共同特点。

**因此** yīncǐ 连词、副词

❶中国南北距离约5500公里，因此南北气候有很大区别。 в связи с этим, поэтому
❷我们每个人都有责任保护环境，因此，大家要节约使用塑料袋。

**不过** búguò 连词

❶不过可惜的是，南方很多地方冬天都看不到雪。 но, однако; только, всего лишь
❷以前坐船需要几个月，现在乘坐飞机不过十几个小时。

**成功** chénggōng 名词

❶失败是成功之母。 успех
❷成功的语言学习者，在学习方面往往都

高频

是积极主动的。

**份**　fèn　量词

счётное слово для бланков, газет и т.п.

❶小张，你这份计划书写得不错。
❷请把那张表格打印两份。

高频

**各**　gè　代词

все, всякий

❶我觉得他各方面都很优秀。
❷人们的性格各不相同。

**紧张**　jǐnzhāng　形容词

напряжённый

❶弟弟紧张得出了一身汗。
❷第一次跟女朋友见面的时候，他紧张极了。

**肯定**　kěndìng　副词

несомненно

❶你复习那么长时间了，肯定没问题。
❷世界上有一种药是肯定买不到的，那就是“后悔药”。

**辣**　là　形容词

острый

❶生活的味道是酸、甜、苦、辣、咸的。
❷这是我同事上午送我的辣白菜。

**流行**　liúxíng　形容词

модный популярный

❶有不少人都喜欢按照流行的标准来穿衣服，打扮自己。
❷那是当时最流行的音乐。

**缺点** quēdiǎn 名词

недостаток, минус

❶ 我们都有缺点，不可能把每件事都做得很好。

❷ 我们可以从失败中发现自己的缺点。

**停** tíng 动词

стоять (о поезде), прекращать(ся)

❶ 入口处不允许停车。

❷ 雨越下越大，一点儿要停的意思都没有。

**幸福** xìngfú 形容词、名词

счастливый; счастье

❶ 新婚快乐！祝你和小马生活幸福，白头到老！

❷ 幸福是件很简单的事情。

**语言** yǔyán 名词

язык, речь

❶ 语法是语言学习中很重要的一部分。

❷ 许多民族都有自己的语言和文字。

**原因** yuányīn 名词

причина

❶ 由于种种原因，她没能当上警察。

❷ "三不知"是指不知道一件事情发生的原因、经过和结果。

**尊重** zūnzhòng 动词、名词

уважать, уважение

❶ 要获得别人的尊重，必须先尊重别人。

❷ 浪费是一种不好的生活习惯，不尊重别人，也不尊重自己。

高
频

**毕业** bìyè 动词、名词

окончить учебное заведение; окончание

❶他大学毕业后成了一名优秀的律师。
❷很多大学生毕业后希望留在大城市工作。

**教育** jiàoyù 名词、动词

образование; обучать

❶阅读考试的分数往往还能反映一个国家的教育水平。
❷教育孩子要使用正确的方法。

**苦** kǔ 形容词

горький

❶回忆过去，有苦也有甜，有伤心、难过，也有幸福、愉快。
❷你忘记放糖了吗？这杯咖啡怎么这么苦？

**理解** lǐjiě 动词、名词

понимать; понимание

❶实际工作能让我更理解书本上的知识。
❷握手也是一种交流，可以加深理解和信任。

**缺少** quēshǎo 动词

недоставать, не хватать

❶生活中不能缺少理想。
❷误会往往是在缺少调查、没听别人解释的情况下发生的。

**沙发** shāfā 名词

диван

❶他坐在沙发上看杂志。
❷他们把沙发抬到外面去了。

**收** shōu 动词

❶ 你叔叔刚打电话来说给你发了个电子邮件，让你查收。 получить

❷ 收到我寄给你的礼物了吗？

**熟悉** shúxī 形容词、动词

❶ 她喜欢给熟悉的人讲笑话。 знакомый; хорошо знать

❷ 那位出租车师傅对这儿非常熟悉。

**笑话** xiàohua 名词

❶ 他讲的笑话真有意思。 шутка

❷ 讲笑话也是一门艺术，能不能使人发笑是笑话讲得好坏的主要标准。

**性格** xìnggé 名词

❶ 姐妹俩性格差不多。 характер

❷ 我弟弟的性格比较活泼。

**压力** yālì 名词

❶ 散步能让人减轻压力，变得轻松起来。 давление, напряжение

❷ 当我感觉压力大时，我会去打打羽毛球或者篮球。

**支持** zhīchí 动词、名词

❶ 大部分人支持环保活动。 поддерживать; поддержка

❷ 谢谢大家这一年来对我的支持和帮助。

## 值得　zhídé　动词

стоить, заслуживать

❶ 这个项目有很多经验值得我们总结。
❷ 这本书写得不错，值得一读。

## 作用　zuòyòng　名词

действие, роль, значение

❶ 森林对环境有很好的保护作用。
❷ 现在网上银行的作用越来越大。

## 感觉　gǎnjué　动词、名词

чувствовать; чувство

❶ 走在海边，感觉很凉快。
❷ 这个月的任务完成了，感觉轻松多了。

## 鼓励　gǔlì　动词

воодушевлять, поощрять

❶ 在教育孩子时，我们应该少批评，多鼓励。
❷ 鼓励竞争能推动经济发展。

## 空气　kōngqì　名词

воздух

❶ 下雨后空气很湿润。
❷ 那儿的空气很干燥。

## 困难　kùnnan　形容词、名词

трудный; трудность

❶ 第一印象并不总是正确的，但改变起来却很困难。
❷ 年轻人多经历一些困难并不是坏事。

**俩**　liǎ　数词

дваоба

❶他们俩经常聊天。
❷姐妹俩性格差不多。

**麻烦**　máfan　名词、形容词

хлопоты; неудобный

❶老黄是个非常热情的人，从来不怕麻烦。
❷网上购物比较麻烦。

**年龄**　niánlíng　名词

возраст

❶成功是不会受到年龄限制的。
❷有人认为，年龄越大，人就越成熟。

**篇**　piān　量词

счётное слово для статей и т.п.

❶李教授，这几篇文章您什么时候要？
❷那篇文章写得很精彩。

**任务**　rènwu　名词

задача, задание

❶我想把这个任务交给小李，您看合适不合适？
❷我们的任务已经按计划全部完成了。

**扔**　rēng　动词

бросать, выбрасывать

❶把香蕉皮扔到垃圾桶里去，以后别随便扔东西。
❷你要学会像扔垃圾一样把烦恼扔掉。

**顺利**　shùnlì　形容词

успешный, благоприятный

❶祝你们这次

高频

访问一切顺利。
❷没有人能一生都顺顺利利，没有失败。

**愉快**　yúkuài　形容词

веселый

❶这是我们超市送您的环保购物袋，祝您购物愉快。
❷他们俩聊得很愉快。

**招聘**　zhāopìn　动词、名词

набор персонала; нанимать на работу

❶银行决定招聘一名高级主管。
❷明天上午有个招聘会，你去吗？

**只要**　zhǐyào　连词

если только, стоит лишь

❶其实，只要我们按照自己的想法去做了，就没什么后悔的。
❷只要自己做得正确，最后自然会得到别人的支持与信任。

**质量**　zhìliàng　名词

качество

❶有的时候，质量很好的东西也会很便宜。
❷网上商店不一定能保证东西的质量。

**放弃**　fàngqì　动词

сдаваться, бросать

❶昨天的放弃决定了今天的选择，今天的选择决定了明天的生活。
❷不到最后一刻，千万别放弃。

**号码** hàomǎ 名词

номер

❶你们公司的传真号码是多少？
❷她把电话号码记在笔记本上了。

**教授** jiàoshòu 名词

профессор

❶张教授对学生要求很严格。
❷教授竟然把这次机会放弃了。

**可是** kěshì 连词

но, однако

❶我记得上次关教授把他的手机号码给我了，可是不知道写哪儿了。
❷老张和司机约好每天早上七点来接老张上班，可是司机经常迟到。

**理想** lǐxiǎng 名词

идеал, мечта

❶我的理想就是做一个像父亲那样的医生。
❷生活中不能缺少理想。有理想的人知道自己前进的方向。

**气候** qìhòu 名词

климат

❶你觉得北方和南方在气候上有什么区别？
❷我还不习惯北方的气候，估计是天气太干燥。

**通知** tōngzhī 动词、名词

сообщать; сообщение, извещение

❶小张，原定后天上午的会改在明天下午两点了，你通知一下其他人。
❷我刚刚接到通知，明天要出差，恐怕没

时间和您见面了。

## 完全 wánquán 副词

полностью, совсем

❶ 一般情况下，完全适应一个新的工作需要一年时间。
❷ 他们俩的看法完全相反。

## 演出 yǎnchū 名词

выступление

❶ 你去看吧，听说这次演出邀请了许多著名的演员，很精彩的。
❷ 周末的演出改到晚上 7 点了，你通知小王了没有？

## 邀请 yāoqǐng 名词、动词

приглашение; приглашать

❶ 舞会上最好不要直接拒绝别人的邀请。
❷ 她邀请我一块儿去打网球。

## 出发 chūfā 动词

отправиться

❶ 如果顺利的话，下个月就可以出发了。
❷ 我们八点钟在四零六教室集合，八点半准时出发。

## 观众 guānzhòng 名词

зрители

❶ 各位观众，大家晚上好。
❷ 观众们都站起来为他鼓掌。

## 过程 guòchéng 名词

процесс

❶ 生、老、病、死是一个极其自然的过程。

❷参观过程中请大家注意安全。

**加班** jiābān 动词

❶小王今天要加班。 работать сверхурочно
❷真抱歉，明天我得加班，不能陪你去购物了。

**接受** jiēshòu 动词

❶他们喜欢向前看，也容易接受新鲜事情。 принимать, признавать
❷改变能改变的，接受不能改变的。

**解释** jiěshì 动词

❶有些事情是科学无法解释的。 объяснять
❷失败的时候，不要先忙着为自己解释。

**经济** jīngjì 名词

❶亚洲经济的增长速度正在逐渐提高。 экономика
❷判断经济水平不能光看收入。

**拒绝** jùjué 动词

❶舞会上最好不要直接拒绝别人的邀请。 отказываться
❷有能力的人往往会拒绝别人的帮助。

**生意** shēngyi 名词

❶那家饭馆儿的生意很好。 бизнес
❷他这些年做生意赚了不少钱。

高频

**提前** tíqián 动词

досрочно, раньше установленного срока

❶ 下一站就要到了，请下车的乘客提前做好准备。

❷ 邀请别人吃饭，至少要提前一天联系。

**温度** wēndù 名词

температура

❶ 南方很多地方的冬天一点儿也不冷，温度跟北方春天差不多。

❷ 山上的温度会随着高度的增加而降低，山越高气温越低。

**详细** xiángxì 形容词

подробный, детальный

❶ 我们回去就开会讨论，星期五之前把详细的计划书发给您。

❷ 这个传真机的说明书写得很详细。

**咱们** zánmen 代词

мы

❶ 咱们去公园吧！

❷ 我在咱们床底下找到一百块钱。

**重视** zhòngshì 动词

ценить, уделять внимание

❶ 我觉得要重视平时的积累，要多向周围的人学习。

❷ 更值得我们重视和尊重的，正是实际生活中简单的爱情。

**座位** zuòwèi 名词

место, сиденье

❶ 你好，我想要一个窗户旁边的座位，还有吗？

❷这儿的座位恐怕不够吧？要不要换到旁边的那个教室？

**遍** biàn 量词、动词

счётное слово (раз); везде, повсюду

❶一个简单的动作，教练让我们练二三十遍。
❷他去了亚洲许多国家，尝遍了各地的美食。

**导游** dǎoyóu 名词

гид, экскурсовод

❶我姓李，是各位的导游。
❷你能帮我请一个当地的导游吗？

**底** dǐ 名词

дно, конец

❶河水清澈见底。
❷我 7 月底去北京出差。

**发生** fāshēng 动词

произойти, случиться

❶笔记本电脑使人们的生活发生了很大的变化。
❷不管遇到什么问题，发生什么事情，都要好好爱自己。

**法律** fǎlǜ 名词

закон

❶这么做完全符合国家的法律规定。
❷那个法律节目很受欢迎。

**丰富** fēngfù 动词、形容词

обогащать; богатый

❶互联网极大地丰富了现代人的精神生活。

高频

❷他经验比较丰富，并且做事认真。

**复杂** fùzá 形容词 **сложный**

❶西红柿鸡蛋汤的做法很简单，一点儿也不复杂。
❷密码不能太复杂，不过也不能太简单，否则不安全。

**够** gòu 形容词 **достаточный**

❶只记字典、词典里的字、词是不够的，要多听多说。
❷爱情确实是结婚的重要原因，但仅有爱情是不够的。

**光** guāng 副词 **только, целиком**

❶没算错，光买沙发和冰箱就花了四千多。
❷树上的叶子已经掉光了。

**广告** guǎnggào 名词 **реклама**

❶如果想赚钱，就必须扩大市场，而广告是最有效的方法。
❷我喜欢读这份报纸，因为它的内容丰富，而且广告少。

**看法** kànfǎ 名词 **взгляд, мнение**

❶生活是什么？不同的人有不同的看法。
❷语言是人们表达看法、交流感情的工具。

**浪漫** làngmàn 形容词

романтический; романтичный

❶ 喜欢红色衣服的女孩子们性格比较浪漫。
❷ 真正的爱情不需要浪漫。

**批评** pīpíng 名词、动词

критиковать; критика

❶ 在教育孩子的过程中，父母的鼓励比批评更重要。
❷ 批评人的时候要考虑用正确的方法。

**使用** shǐyòng 动词

применять, использовать(ся)

❶ 医生提醒人们，在使用感冒药之前，一定要仔细阅读说明书。
❷ 新闻报道中使用数字的目的是通过它们来说明问题。

**误会** wùhuì 名词、动词

недоразумение; неправильно понять

❶ 他们俩之间有一些误会。
❷ 看起来，这件事确实是我误会他了。

**效果** xiàoguǒ 名词

эффект

❶ 打针比吃药效果好。
❷ 咱家的冰箱太旧了，制冷效果不好，我想买个新的。

**意见** yìjiàn 名词

мнение

❶ 以上是这次活动的计划，看看大家还有什么意见。
❷ 爷爷想听听马大夫的意见。

**脏**　zāng　形容词

❶ 不试了，白色的容易脏，还是黑色的好。 грязный

❷ 衣服脏了，脱下来洗洗吧。

**总结**　zǒngjié　动词

❶ 老人总是喜欢往回看，回忆、总结自己过去的经历。 обобщать

❷ 我们可以从失败中总结出有用的经验。

# 中频词汇

**大夫** dàifu 名词

врач

❶ 爷爷想听听马大夫的意见。
❷ 我前几天耳朵一直不太舒服，所以昨天请了个假，去看大夫了。

**好处** hǎochu 名词

преимущество,достоинство

❶ 年轻有很多好处，而最大的好处是可以不怕失败。
❷ 听听流行音乐对老年人也是很有好处的。

**合适** héshì 形容词

подходящий

❶ 你试一下，看看合适不合适。
❷ 帮我看看，我穿哪条裙子合适？

**积累** jīlěi 名词、动词

накапливать; накопление

❶ 我觉得要重视平时的积累，要多向周围的人学习。
❷ 在这儿我学到了很多知识，也积累了很多经验，希望将来还能有机会和大家一起学习。

**记者** jìzhě 名词

корреспондент, журналист

❶ 记者是我最喜欢的职业，我从小就想当一名记者。
❷ 我是校报的记者，发过一些新闻报道。

中频

## 将来 jiānglái 名词

будущее

❶将来会发生什么事情，谁也猜不到。
❷将来的路还很长，只要不放弃，完全有机会重新再来。

## 交通 jiāotōng 名词

движение

❶这段时间来丽江的话，无论交通还是吃、住都是最便宜的。
❷飞机被认为是最安全的交通工具。

## 恐怕 kǒngpà 动词、副词

боюсь, что; бояться, опасаться

❶明天要出差，恐怕没时间和您见面了。
❷只剩下十五分钟，今天恐怕要迟到了。

中频

## 签证 qiānzhèng 名词

виза

❶明天就要去使馆办签证了，邀请信竟然还没寄到，这可怎么办？
❷我现在去大使馆办签证。

## 十分 shífēn 副词

очень, весьма

❶秋天的北京是最漂亮的，天气很好，十分适合旅游。
❷那个消息让他十分吃惊。

## 适应 shìyìng 动词

приспосабливаться

❶一般情况下，完全适应一个新的工作需要一年时间。
❷不要总是想着去改变你身边的人，要学会去适应别人。

## 收入　shōurù　名词

доход

❶ 许多家饭店的年收入都超过了亿元。
❷ 通过收入水平可以了解一个地方的经济情况。

## 说明　shuōmíng　名词、动词

пояснить

❶ 请严格按照说明服药。
❷ 新闻报道中使用数字的目的是通过它们来说明问题。

## 速度　sùdù　名词

скорость

❶ 亚洲经济的增长速度正在逐渐提高。
❷ 现在火车的速度非常快，有时乘坐火车甚至比乘坐飞机更节约时间。

## 态度　tàidù　名词

отношение

❶ 喜欢穿白色衣服的女孩子们性格比较阳光，生活态度积极向上是她们的共同特点。
❷ 幽默是成功者的共同特点之一，也是值得现代人好好学习的一种生活态度。

中频

## 特点 tèdiǎn 名词

❶ 湖南菜的特点就是辣。 специфика, особенность

❷ “外号”是根据一个人的特点给他起的不太正式的名字，常常带有开玩笑的意思。

## 小说 xiǎoshuō 名词

❶ 那本小说的作者很有名。 рассказ, роман

❷ 这个小说讲的是一个普通警察的爱情故事。

## 信心 xìnxīn 名词

❶ 年轻人最重要的是要对自己有信心。 уверенность

❷ 经常被鼓励的孩子往往更有信心。

中频

## 钥匙 yàoshi 名词

❶ 钥匙在书包里。 ключ

❷ 儿子把行李箱的钥匙弄丢了。

## 幽默 yōumò 形容词

❶ 他一点儿也不幽默，约会的时候真无聊。 юмор

❷ 幽默的人更容易交到朋友。

## 正好 zhènghǎo 副词

❶ 我跟你的看法正好相反。 как раз

❷ 我回家正好经过这里，就顺便拿来了。

**表示** biǎoshì 动词

выражать, означать

❶ 我代表学校向同学们表示祝贺！

❷ 我们常用“一问三不知”来表示一个人什么都不知道。

**差不多** chàbuduō 副词、形容词

почти

❶ 爷爷差不多每个月都带我去看一次京剧。

❷ 姐妹俩性格差不多。

**抽烟** chōuyān 动词

курить

❶ 请问，附近有可以抽烟的地方吗？

❷ 抽烟对身体没有好处。

**打折** dǎzhé 动词

делать скидку

❶ 去年春天打折的时候我给他买了几件衣服。

❷ 春天，冬装就会打折，质量很好，也很便宜。

**戴** dài 动词

носить, надеть

❶ 出门时最好带上伞或者戴上帽子。

❷ 穿戴整齐表示你对面试官的尊重。

**调查** diàochá 动词

обследовать, исследовать,

❶ 小张的调查结果写得很好。

❷ 这次调查发现，超过 70% 的儿童更愿意让爸爸给自己读书。

中频

## 肚子 dùzi 名词

**живот**

❶ 打了一下午羽毛球，肚子有点儿饿了。
❷ 他觉得肚子有点儿难受。

## 父亲 fùqin 名词

**отец**

❶ 我父亲是医生，母亲是演员。
❷ 人一生最幸福的事情是有父亲母亲的爱和保护。

## 估计 gūjì 动词

**оценивать**

❶ 现在不堵车，估计二十分钟就能到。
❷ 咱公司附近估计没有太便宜的房子。

## 顾客 gùkè 名词

**клиент**

❶ 这是一个关于顾客和售货员的笑话。
❷ 每到换季或者节假日的时候，各大商场都会举办一些打折活动来吸引顾客。

## 挂 guà 动词

**вешать**

❶ 他想把画挂在墙上。
❷ 有些人经常把“明天”和“将来”挂在嘴边。

## 海洋 hǎiyáng 名词

**море, океан**

❶ 海洋里的植物很少。
❷ 海洋底部看起来非常安静。

**好像** hǎoxiàng 动词

вроде, будто

❶ 这道数学题的答案好像错了。

❷ 快乐的人好像太阳，走到哪里，哪里就有阳光。

**后悔** hòuhuǐ 动词

сожалеть

❶ 许多人都有过后悔的经历。

❷ 平时要注意锻炼，别等身体出问题了才后悔。

**互相** hùxiāng 副词

взаимно

❶ 事情的原因和结果往往是互相联系的。

❷ 感冒时，最好只选择一种感冒药，否则药物之间可能互相作用，会影响我们的健康。

**积极** jījí 形容词

активный, позитивный

❶ 成功的语言学习者，在学习方面往往都是积极主动的。

❷ 我希望有兴趣的同学积极报名参加。

**及时** jíshí 副词、形容词

вовремя

❶ 如果感冒了，要及时去医院。

❷ 对记者来说，获得及时准确的消息极其重要。

**减少** jiǎnshǎo 动词

уменьшать, сокращать

❶ 白天要减少户外活动，出门时最好带上伞或者戴上帽子。

❷限制使用塑料袋是为了减少污染。

**饺子** jiǎozi 名词

пельмени

❶北方人爱吃饺子，因为饺子味道鲜美。

❷在中国，饺子深受大家喜爱。

**进行** jìnxíng 动词

проводить, осуществлять

❶同学们在超市进行了调查。

❷生活往往不会按照我们的计划来进行。

**京剧** jīngjù 名词

пекинская опера

❶爷爷对京剧非常感兴趣。

❷京剧一直很受欢迎。

**经历** jīnglì 动词、名词

испытать; опыт

❶人都会经历失败。

❷许多人都有过后悔的经历。

**精彩** jīngcǎi 形容词

эффектный, замечательный

❶那篇文章写得很精彩。

❷刚才的演出真的很精彩。

**内容** nèiróng 名词

содержание

❶我喜欢读这份报纸，因为它的内容丰富，而且广告少。

❷京剧的内容大多是历史故事。

**内** nèi 名词

❶ 现在我们店内的衣服都打三折，您看看有什么需要的？ внутри

❷ 如果一个星期内发现有任何质量问题，我们都可以免费为您换。

**陪** péi 动词

❶ 昨天，妻子让我陪她去买一双鞋。 сопровождать

❷ 我打算陪叔叔去长城看看。

**脾气** píqi 名词

❶ 王教授脾气很大。 характер, нрав

❷ 很多时候孩子发脾气是为了得到一些好处。

**破** pò 形容词

❶ 鸡蛋被打破了。 разбитый, поломанный

❷ 那个白色的盒子又脏又破。

**轻松** qīngsōng 形容词

❶ 这个世界上最轻松的工作应该是当小孩子。 лёгкий

❷ 散步能让人减轻压力，变得轻松起来。

**确实** quèshí 副词

❶ 科学技术的发展确实给生活带来了许多方便，但也给我们增加了不少烦恼。 действительно

❷ 小关的脾气有时候确实挺差的。

## 任何 rènhé 代词

любой; всякий

❶ 您有什么特别要求或任何不清楚的地方欢迎和我们联系。
❷ 有了互联网，任何消息都可以在第一时间和全世界的人们直接交流。

## 伤心 shāngxīn 形容词

огорчённый

❶ 她今天看上去很伤心。
❷ 每当我伤心难过的时候，他总是有办法让我高兴起来。

## 申请 shēnqǐng 动词、名词

подавать заявление; заявление

❶ 因为要申请去国外留学，她最近特别忙。
❷ 张律师，这份申请材料要复印几份？

中频

## 受到 shòudào 动词

получить, пользоваться

❶ 小刘受到了表扬。
❷ 尊重别人的人，同样也会受到别人的尊重。

## 讨论 tǎolùn 名词、动词

обсуждать

❶ 他说的问题超出了今天讨论的范围。
❷ 他们正在讨论那个计划。

## 提醒 tíxǐng 动词、名词

напоминать

❶ 医生提醒人们，在使用感冒药之前，一定要仔细阅读说明书。
❷ 谢谢您的提醒，差点儿忘记了，我现在就打。

**味道** wèidao 名词

вкус

❶ 生活的味道是酸、甜、苦、辣、咸的。
❷ 你尝一尝？味道很好。

**文章** wénzhāng 名词

статья

❶ 你要的那篇文章我已经翻译好了，你什么时候来取？
❷ 这篇文章主要谈中国教育。

**无聊** wúliáo 形容词

скучный

❶ 他一点儿也不幽默，约会的时候真无聊。
❷ 每个人都需要朋友，离开朋友，我们的生活肯定会非常无聊。

**吸引** xīyǐn 动词

привлекать

❶ 世界上第一部无声电影出现的时候，吸引了成千上万的观众。
❷ 每到换季或者节假日的时候，各大商场都会举办一些打折活动来吸引顾客。

**演员** yǎnyuán 名词

артист, актёр

❶ 听说这次演出邀请了许多著名的演员，很精彩的。
❷ 那位著名的演员深受观众的喜爱。

**养成** yǎngchéng 动词

выработать, привить

❶ 我从小就养成了写日记的习惯。
❷ 所有的习惯都是慢慢养成的。

**赢** yíng 动词

❶ 只有懂得放弃和学会选择的人，才能赢得精彩的生活。 выиграть

❷ 在昨天的羽毛球男子双打比赛中，小马和小张最后赢得了比赛。

**真正** zhēnzhèng 形容词

❶ 真正的爱情不需要浪漫。 настоящий

❷ 是不是流行不重要，真正适合自己的才是最好的。

**指** zhǐ 动词

❶ 第一印象是指在第一次见面时给别人留下的印象。 иметь в виду, показать

❷ 怎么走？你给我指一下路吧。

中频

**爱情** àiqíng 名词

❶ 真正的爱情不需要浪漫。 любовь

❷ 这个小说讲的是一个普通警察的爱情故事。

**按时** ànshí 副词

❶ 我保证按时完成任务。 вовремя

❷ 飞机没按时起飞。

**抱歉** bàoqiàn 形容词

❶ 实在抱歉，我来晚了。 простите, извините

❷ 很抱歉，等我回来以后再跟您联系。

## 表演　biǎoyǎn　动词、名词

играть на сцене; выступление

❶ 他是一位著名的演员。有一次，一个地方举行一个比赛，看谁表演得更像他。

❷ 你们的表演非常精彩！

## 不仅　bùjǐn　连词

не только

❶ 人不仅要看到自己的优点，也要了解自己的缺点。

❷ 不仅许多公司有网站，而且很多人都有自己的网站。

## 大概　dàgài　副词

примерно

❶ 收入水平只能大概地反映当地的经济水平。

❷ 我的航班推迟了，我大概要中午一点才能到北京。

## 掉　diào　动词

ронять, упасть

❶ 日记本掉桌子下面了。

❷ 树上的叶子已经掉光了。

## 丢　diū　动词

потерять

❶ 孩子说刚才不小心丢了十块钱。

❷ 儿子把行李箱的钥匙弄丢了。

## 对面　duìmiàn　名词

напротив

❶ 前面那儿有个银行，银行对面有一个小超市。

❷ 对面戴眼镜的那个人你认识吗？

**烦恼** fánnǎo 名词

раздражение, неприятности

❶ 生活中总会有烦恼。
❷ 难过、无聊的人只能给人增加烦恼。

**方向** fāngxiàng 名词

направление

❶ 有理想的人知道自己前进的方向。
❷ 一般情况下，飞机起飞的方向是和风向相反的。

**感情** gǎnqíng 名词

чувство, привязанность

❶ 世界上有三种感情：亲情、友情和爱情。
❷ 当地少数民族习惯用歌声来表达感情。

**购物** gòuwù 动词

покупать

❶ 这是我们超市送您的环保购物袋，祝您购物愉快。
❷ 网上购物在中国的发展速度很快，并且范围和影响力也都在继续扩大。

**逛** guàng 动词

прогуливаться

❶ 妻子希望丈夫陪她逛街。
❷ 你应该和朋友聊聊天儿，逛逛商场，这样你很快就会好起来的。

**汗** hàn 名词

пот

❶ 她出了许多汗。
❷ 弟弟紧张得出了一身汗。

中频

**即使** jíshǐ 连词

даже, даже если

❶ 在我们南方，即使冬天也很少下雪。
❷ 即使是完全不认识的路人，相互一笑也能拉近距离。

**寄** jì 动词

отправлять, посылать

❶ 我准备给你寄几本书。
❷ 你帮我把这两本杂志今天就寄出去，这是地址。

**价格** jiàgé 名词

цена

❶ 这台笔记本电脑的价格是2500元。
❷ 这个包样子很好看，价格也还可以。

**节约** jiéyuē 动词

экономить; экономия

❶ 无论做什么事都要注意方法，正确的方法可以帮我们节约时间。
❷ 这使得我们养成了节约的习惯。

**距离** jùlí 名词

расстояние

❶ 中国南北距离约5500公里，因此南北气候有很大区别。
❷ 手机拉近了人与人之间的距离。

**科学** kēxué 名词

наука

❶ 科学研究证明，颜色会影响人的心情。
❷ 有些事情是科学无法解释的。

**免费** miǎnfèi 形容词

бесплатный

❶ 我们现在正举办免费试用活动。
❷ 火车上提供免费的饮料吗？

**民族** mínzú 名词

нация

❶ 中国有 56 个民族。
❷ 每个民族都有不同的习惯和文化，许多民族都有自己的语言和文字。

**弄** nòng 动词

делать, управляться; играть с

❶ 我们都要弄清楚自己想要的是什么。
❷ 儿子把行李箱的钥匙弄丢了。

**平时** píngshí 名词

в обычное время

❶ 我们年底有活动，正在打折，比平时便宜了一千块。
❷ 我觉得要重视平时的积累，要多向周围的人学习。

**师傅** shīfu 名词

мастер

❶ 那位出租车师傅对这儿非常熟悉。
❷ 黄师傅对我们要求非常严格。

**污染** wūrǎn 名词、动词

загрязнение;загрязнять

❶ 限制使用塑料袋是为了减少污染。
❷ "绿色食品"，就是指那些没有受到污染的、优质的、安全的食品。

**相反** xiāngfǎn 形容词

противоположный

❶ 他们俩的看法完全相反。

❷ 一般情况下，飞机起飞的方向是和风向相反的。

**艺术** yìshù 名词

искусство

❶ 这次电影艺术节也许会在北京举行。

❷ 管理是一门艺术，只是批评不会有好的效果。

**引起** yǐnqǐ 动词

вызывать

❶ 这篇报道没有引起人们的关注。

❷ 事情的原因和结果往往是互相联系的。一定的原因会引起一定的结果。

**杂志** zázhì 名词

журнал

❶ 他坐在沙发上看杂志。

❷ 那家杂志社在招人。

**增加** zēngjiā 动词

увеличить(ся), повысить(ся)

❶ 这个城市决定增加出租车的数量。

❷ 山上的温度会随着高度的增加而降低，山越高气温越低。

**职业** zhíyè 名词

профессия, занятие, карьера

❶ 他的职业是演员。

❷职业和专业并没有太大关系。

**并且** bìngqiě 连词

и, к тому же

❶它开的花比普通的花大很多，并且特别香。

❷地铁速度快，并且不会堵车。

**场** chǎng 量词

счётное слово для спортивных мероприятий и т.д.

❶遇到伤心事，哭一场（cháng）就会感觉心里舒服多了。

❷下星期首都体育馆有场羽毛球比赛。

**诚实** chéngshí 形容词

честный

❶他很诚实，从来不说假话。

❷他的优点是有礼貌，诚实，能吃苦。

**激动** jīdòng 形容词

возбуждённый, взволнованный

❶这个消息让他非常激动。

❷她母亲激动得哭了。

**家具** jiājù 名词

мебель

❶这房子家具全，电视、空调、冰箱都有并且都很新。

❷服务员把家具擦得很干净。

**警察** jǐngchá 名词

полиция

❶一个合格的警察最需要的是责任感。

❷她是我的同学，从小就想成为一名警察。

**开玩笑** kāi wánxiào

❶ 真的假的？你是在开玩笑骗我吧？ шутить
❷ 好几年没见，你还是这么爱开玩笑。

**来不及** láibují

❶ 快来不及了，我们打车过去吧？ не успеть
❷ 都十点多了，恐怕来不及了。

**来得及** láidejí

❶ 明天几点到？八点来得及来不及？ успеть
❷ 飞机十点起飞，你吃完早饭再走也来得及。

**理发** lǐfà 动词、名词

❶ 他喜欢去那儿理发。 стричь(ся), причёсывать(ся)
❷ 你知道附近哪儿有理发店吗？

**厉害** lìhai 形容词

❶ 你怎么咳嗽得越来越厉害了？吃药了吗？ яростный, жестокий
❷ 她打网球很厉害。

**凉快** liángkuai 形容词

❶ 走在海边，感觉很凉快。 прохладный
❷ 最近天气越来越凉快，树上的叶子也都慢慢变黄了。

**母亲** mǔqin 名词

❶ 妈妈，祝您母亲节快乐！ мать

❷她母亲激动得哭了。

**耐心** nàixīn 名词、形容词

терпение; терпеливый

❶这个事情比较繁琐，需要耐心。
❷只教一次是不可能让他马上就记住的，应该耐心地一遍一遍地教给他。

**散步** sànbù 动词

прогуливаться

❶晚饭后，一家人一起出去散散步，是一件很幸福的事情。
❷散步是生活中最简单易行的锻炼方法。

中频

**随便** suíbiàn 形容词、动词

без церемоний; как угодно, как попало

❶去面试的时候衣服要穿得正式一些，不能太随便。
❷说出去的话很难收回。因此，生气时不要随便说话。

**所有** suǒyǒu 形容词

всё, все

❶所有的习惯都是慢慢养成的。
❷这个消息让所有人都大吃一惊。

**提供** tígōng 动词

предоставлять

❶这椅子是专为老年人提供的。
❷超市提供免费塑料袋。

**推迟** tuīchí 动词

задержать, отсрочить

❶大家都同意把招

聘会推迟到五月十二号。

❷ 我的航班推迟了，我大概要下午三点才能到北京。

**网球** wǎngqiú 名词

❶ 他想参加网球比赛。 теннис

❷ 今天阳光这么好，我们一起去打网球吧。

**网站** wǎngzhàn 名词

❶ 现在，做一个网站变得越来越容易了。不仅许多公司有网站，而且很多人都有自己的网站。 сайт

❷ 人们可以在任何时间去网站上购买自己喜欢的东西。

**辛苦** xīnkǔ 形容词

❶ 妻子当上经理后，工作比以前更辛苦了。 трудный, усталый

❷ 学跳舞是一件很辛苦的事。

**兴奋** xīngfèn 形容词

❶ 红色会让人变得热情，使人兴奋。 возбуждённый

❷ 哥哥兴奋得睡不着觉。

**勇敢** yǒnggǎn 形容词

❶ “冬天到了，春天还会远吗？”这句话很浪漫，代表了一种积极、勇敢的精神。 смелый

❷ 只要勇敢地向前走，就能看到希望。

**友谊** yǒuyì 名词

❶ 为我们的友谊干杯。 дружба

❷ 中国人常说："友谊第一，比赛第二。"

**有趣** yǒuqù 形容词

❶ 那个导游讲的笑话都很有趣。 интересный

❷ 她很活泼，说话很有趣，总能给我们带来快乐，我们都很喜欢和她在一起。

**阅读** yuèdú 名词、动词

❶ 阅读能力强的人不但容易找到工作，而且工资也比较高。 читать; чтение

❷ 医生提醒人们，在使用感冒药之前，一定要仔细阅读说明书。

中频

**整理** zhěnglǐ 动词

❶ 那个房间又脏又乱，星期六我去打扫、整理了一下。 привести в порядок

❷ 儿子的复习笔记整理得很详细。

**周围** zhōuwéi 名词

❶ 我觉得要重视平时的积累，要多向周围的人学习。 вокруг, кругом

❷ 我以前住的地方，虽然交通方便，但是周围很吵。

**仔细** zǐxì 形容词

❶ 在使用感冒药之前，一定要仔细阅读说明书。 тщательный

❷ 不管做什么事情，都应该认真、仔细，

不能马虎。

**安排** ānpái 动词、名词

организовать; план

❶我会再安排两个人帮助你。
❷晚上有什么安排吗？

**安全** ānquán 名词、形容词

безопасность, безопасный

❶参观过程中请大家注意安全。
❷飞机被认为是最安全的交通工具。

**按照** ànzhào 介词

согласно, в соответствии с

❶按照经验，人们往往认为夏天应该多穿白色衣服。
❷生活往往不会按照我们的计划来进行。

**保护** bǎohù 名词、动词

защищать

❶森林对环境有很好的保护作用。
❷夏季要特别注意保护皮肤。

**本来** běnlái 副词

раньше, прежде

❶我本来想昨天晚上就通知你的。
❷“80后作家”本来是指1980-1989年出生的年轻作者。

**标准** biāozhǔn 名词

стандарт

❶这个标准并不适合每一个人。
❷普通话以北京语音为标准音。

**表扬** biǎoyáng 动词

хвалить

❶对那些害羞的孩子要经常鼓励他们说出自己的看法，当他们这样做了以后，要表扬他们。
❷获得表扬时，别太骄傲得意。

**吃惊** chījīng 形容词

удивительный

❶她听了以后很吃惊。
❷回家以后，我吃惊地发现，竟然没有买袜子。

**出差** chūchāi 动词

ехать в командировку

❶我今天去北京出差。
❷他去国外出差了，月底才能回来。

**传真** chuánzhēn 动词、名词

факс

❶小刘，帮我把这两页材料传真给李记者。
❷你们公司的传真号码是多少？

**窗户** chuānghu 名词

окно

❶你好，我想要一个窗户旁边的座位，还有吗？
❷窗户向南的房子比较受欢迎。

**从来** cónglái 副词

всегда; перед отрицанием; никогда ещё

❶他从来不主动和别人说话。
❷我从来没学过游泳，怎么去比赛啊？

**打印** dǎyìn 动词

печатать

❶ 我去打印几份材料，上课讨论的时候要用。
❷ 请把那张表格打印两份。

**大约** dàyuē 副词

примерно, около

❶ 他乘坐的航班大约半小时后就要起飞了。
❷ 这次招聘会提供大约 1000 个工作机会。

**当时** dāngshí 名词

тогда, в то время

❶ 看电影在当时确实是个新鲜事儿。
❷ 当时，他学的是新闻，我学的是法律。

**到底** dàodǐ 副词

наконец, всё-таки

❶ 我真的受不了你了，你到底还要逛多久？
❷ 这件事到底该怎么办？

**儿童** értóng 名词

дети

❶ 1.2 米以下的儿童免费乘车。
❷ 六到八岁的儿童普遍好动，坐不住。

**翻译** fānyì 动词、名词

переводить; переводчик

❶ 这个句子翻译得不对。
❷ 昨天我在报纸上看见一家杂志社在招聘高级翻译。

## 关键 guānjiàn 名词

решающий фактор

❶ 这才是解决问题的关键。

❷ 赚钱多少不是最重要的，兴趣才是关键。

## 航班 hángbān 名词

рейс

❶ 国际航班都推迟起飞了，咱可以再逛逛。

❷ 您乘坐的航班马上就要起飞了。

## 护士 hùshi 名词

медсестра

❶ 这本小说的作者是医院的一位护士。

❷ 王护士经验丰富。

中频

## 技术 jìshù 名词

техника, технология

❶ 随着科学技术的发展，很多问题已经得到解决。

❷ 对面那条街上新开了一家理发店，听说那儿的理发师技术还不错。

## 继续 jìxù 动词

продолжать(ся)

❶ 人不能总是活在回忆里，因为过去的已经不可能改变了，但我们的生活仍然要继续。

❷ 他愿意继续租邻居的房子。

## 可惜 kěxī 形容词

к сожалению, жаль

❶ 你没有和我一起去看真是太可惜了。

❷ 只差一点儿就赢了，真替他感到可惜。

## 困　kùn　形容词

усталый, сонный

❶ 昨晚没睡好，现在有点儿困了。
❷ 你困了就先去睡一会儿吧，等比赛开始了，我再叫你起来。

## 懒　lǎn　形容词

ленивый

❶ 都九点了，你怎么还在睡懒觉？快起床吧。
❷ 有些人很懒，直接拿自己的生日做银行卡或信用卡的密码。

## 冷静　lěngjìng　形容词

спокойный

❶ 你现在要做的是冷静下来，想想办法。
❷ 有时候冷静甚至比勇敢更重要。

## 礼貌　lǐmào　名词、形容词

вежливость

❶ 他的优点是有礼貌，诚实，能吃苦。
❷ 上课时吃东西对老师是极其不礼貌的。

## 另外　lìngwài　连词、代词

кроме того, иной

❶ 那本词典是新出的，收的词语更丰富。另外，它还有语法解释，所以贵一些。
❷ 一定的原因会引起一定的结果，有时候一件事情的结果可能又是另外一件事情的原因。

**乱** luàn 形容词

беспорядочный, как попало

❶ 那个房间又脏又乱，星期六我去打扫了一下。
❷ 请不要乱扔垃圾。

**密码** mìmǎ 名词

код

❶ 每个现代人头脑中都要记住很多密码。
❷ 人脑不是电脑，所以密码不能太复杂，不过也不能太简单，否则不安全。

**目的** mùdì 名词

цель

❶ 每一个香烟盒上都印有“吸烟有害健康”的句子，目的就是告诉人们抽烟对身体不好。
❷ 举办这次研讨会的目的之一，是给大家提供一次交流、学习的机会。

中频

**暖和** nuǎnhuo 形容词

тёплый

❶ 天气已经开始暖和起来。
❷ 吃热饺子让人感觉很暖和，很舒服。

**巧克力** qiǎokèlì 名词

шоколад

❶ 有人说，生活是一块巧克力，甜中带些苦。
❷ 饿了吧？来块儿巧克力怎么样？

**日记** rìjì 名词

дневник

❶ 她每天都坚持写日记。
❷ 我从小就养成了写日记的习惯。

## 社会 shèhuì 名词

❶社会的发展不能光看经济的增长，还要重视环境的保护。 общество

❷现代社会，人们最爱听的是成功故事。

## 失望 shīwàng 形容词

❶比赛输了，他们很失望。 разочарованный

❷事情没办成，我让她很失望。

## 实际 shíjì 形容词

❶这个大教室实际上能坐四百人。 на самом деле; фактический

❷要判断当地的实际经济情况，还应多方面调查。

## 数量 shùliàng 名词

❶这个城市决定增加出租车的数量。 количество

❷考生的数量比去年增长了五倍。

## 顺便 shùnbiàn 副词

❶吃完饭我们去公园散散步吧，我顺便买一份儿报纸。 попутно

❷小李，你把这份材料复印之后发给大家，顺便通知大家今天晚上要加班。

## 塑料袋 sùliàodài 名词

❶超市提供免费塑料袋。 пластиковый пакет

❷限制使用塑料袋是为了减少污染。

## 香　xiāng　形容词

душистый, вкусный

❶ 这些花儿闻起来很香。
❷ 妈，你做的什么菜？好香啊！我尝尝。

## 印象　yìnxiàng　名词

впечатление

❶ 第一印象是指在第一次见面时给别人留下的印象。
❷ 经理对我印象不错，他要我明天就正式去上班。

## 由　yóu　介词

показатель субъекта действия в предложениях активного и пассивного строя

❶ 小林，这次的招聘是由你负责吧？
❷ 我们过什么样的生活是由我们的态度决定的。

中频

## 著名　zhùmíng　形容词

знаменитый, известный

❶ 这本杂志介绍了中国很多著名的景点。
❷ 这本书的作者是位著名的历史教授。

## 赚　zhuàn　动词

зарабатывать

❶ 一个年轻人问富人怎么才能赚更多的钱。
❷ 如果想赚钱，就必须扩大市场，而广告是最有效的方法。

# 低频词汇

**报名** bàomíng 动词

- 报名人数已经超过了900。 записаться, зарегистрироваться

**博士** bóshì 名词

- 你们学校的硕士和博士研究生一共有多少人？ доктор (наук)

**参观** cānguān 动词

- 这个周六学院组织大家去参观长城。 посещать

**出生** chūshēng 动词

- 女儿出生以后，我才知道做妈妈有多么不容易。 родиться

**粗心** cūxīn 形容词

- 他改变了许多，不再像以前那么粗心了。 невнимательный

**堵车** dǔchē 动词

- 还是坐地铁吧，这会儿路上恐怕会堵车。 транспортная пробка

**感谢** gǎnxiè 动词

● 非常感谢大家对我的支持！ благодарить

**公里** gōnglǐ 量词

● 中国南北距离约 5500 公里，因此南北气候有很大区别。 километр

**厚** hòu 形容词

● 在暖和而湿润的地方，叶子往往长得又宽又厚。 толстый

**难受** nánshòu 形容词

● 他觉得肚子有点儿难受。 нестерпимый, тягостный

**骗** piàn 动词

● 真的假的？你是在开玩笑骗我吧？ обманывать

**深** shēn 形容词

● 第一印象往往是最深的，而且很难改变。 глубокий, тёмный (о цвете)

**酸** suān 形容词

● 生活的味道是酸、甜、苦、辣、咸的。 кислый

**条件** tiáojiàn 名词

● 经常换工作不一定好，根据自己的条件，把一份工作坚持做到最好才 условия

低频

是正确的选择。

**危险** wēixiǎn 形容词

● 在加油站或者离加油站很近的地方抽烟，打手机，是很危险的。 опасный

**呀** ya 助词

● 你在干什么呀？要我帮忙吗？ ой, ах

**也许** yěxǔ 副词

● 别人的方法也许很有效，但是并不一定适合所有人。 возможно, может быть

**叶子** yèzi 名词

● 由于气候条件不同，世界各地植物叶子的样子也很不相同。 лист (дерева), листва

**优秀** yōuxiù 形容词

● 当我们认为自己在哪方面很优秀时，不要骄傲。 отличный

**责任** zérèn 名词

● 保护地球是每个人的责任。 ответственность

**重点** zhòngdiǎn 名词

● 复习要注意方法，要复习重点内容。 ключевой пункт

低频

**准时** zhǔnshí 副词

● 面试时必须准时到。 вовремя

**作者** zuòzhě 名词

● 那本小说的作者很有名。 автор

**擦** cā 动词

● 服务员把家具擦得很干净。 вытереть

**长城** Chángchéng 名词

● 有人说没去过长城就不算去过北京。 Великая Китайская стена

**成为** chéngwéi 动词

● 访问各种各样的网站已经成为人们生活的一部分。 стать, превратиться в

**重新** chóngxīn 副词

● 请您重新填写一下。 вновь, снова

**打扮** dǎban 动词

● 你今天打扮得真漂亮，有约会啊？ наряжать(ся)

**打针** dǎzhēn 动词

● 打针比吃药效果好。 сделать укол

**大使馆** dàshǐguǎn 名词

● 我现在去大使馆办签证。 посольство

低频

**道歉** dàoqiàn 动词

извиниться

● 我是专门来向您道歉的，我真的觉得很对不起您。

**负责** fùzé 动词

отвечать за что-либо

● 这次还是由她来负责安排吧。

**共同** gòngtóng 形容词

общий

● 地球是我们共同的家。

**回忆** huíyì 动词

вспоминать

● 老人总是喜欢往回看，回忆、总结自己过去的经历。

**交** jiāo 动词

подавать вручать; подружиться с кем-то

● 小姐，这是我的报名表，是交给您吗？

**竟然** jìngrán 副词

неожиданно

● 明天就要去使馆办签证了，邀请信竟然还没寄到。

**热闹** rènao 形容词

оживлённый

● 他喜欢去热闹的地方，和别人一起唱歌，跳舞。

**仍然** réngrán 副词

всё ещё

● 一个 70 岁还有梦的老人仍然年轻。

低频

**商量** shāngliang 动词

- 我们正商量着下个周末请家里人一起吃个饭呢。 обсуждать

**甚至** shènzhì 副词

- 现在火车的速度非常快，有时坐火车甚至比坐飞机更节约时间。 даже

**生命** shēngmìng 名词

- 友谊是我们生命中不可缺少的一部分。 жизнь

**实在** shízài 副词

- 减了一个月都没有瘦下来，我实在没有信心了。 действительно

**收拾** shōushi 动词

- 她每天都要收拾房间。 прибраться, убрать

**数字** shùzì 名词

- 请按从小到大的顺序排列这些数字。 цифра

**谈** tán 动词

- 今天的会议开得很好，大家都谈了自己的意见和看法。 разговаривать, беседовать

**弹钢琴** tán gāngqín

- 她很羡慕会弹钢琴的人。 играть на фортепиано

**讨厌** tǎoyàn 动词

● 一个脾气不好的人虽然不一定让人讨厌，但是却很难跟人交朋友。 докучать, надоедать

**袜子** wàzi 名词

● 昨天，女儿让我陪她去买一双袜子。 носки, чулки

**相同** xiāngtóng 形容词

● 做生意时会遇到竞争带来的压力，但是大家的机会也是相同的。 одинаковый

**严重** yánzhòng 形容词

● 那位病人的情况严重吗？ серьёзный, опасный

**页** yè 量词

● 这本书一共有多少页？ страница

**永远** yǒngyuǎn 副词

● 获得表扬时，别太骄傲得意，一次成功不代表永远成功。 навечно, навсегда

**羽毛球** yǔmáoqiú 名词

● 打了一下午羽毛球，肚子有点儿饿了。 бадминтон

**原谅** yuánliàng 动词

● 得到别人的原谅很 извинять, прощать

低频

容易，但要重新获得信任却很难。

**暂时** zànshí 副词

● 实在对不起，那个房子暂时不租了。 временно, пока

**保证** bǎozhèng 动词

● 我保证你一次就能学会。 гарантировать

**不管** bùguǎn 连词

● 如果方法错了，不管你怎么努力，也很难取得成功。 несмотря на

**尝** cháng 动词

● 你尝一尝，味道很好。 попробовать

**超过** chāoguò 动词

● 室内与室外温度差不要超过 7℃。 превысить

**打扰** dǎrǎo 动词

● 打扰一下，请问您是李老师吗？ беспокоить, мешать

**得意** déyì 形容词

● 获得表扬时，别太骄傲得意。 самодовольный

**等** děng 助词

● 想要密码安全，最好不要 и так далее

低频

用手机号码、生日等。

**地球** dìqiú 名词

● 保护地球是每个人的责任。 земной шар

**地址** dìzhǐ 名词

● 我帮你上网查一下，网站上应该提供地址和联系电话。 адрес

**否则** fǒuzé 连词

● 要想减肥成功，一定要坚持，不能怕累，否则很难有效果。 иначе

**富** fù 形容词

● 有位身价千万的富人来到一家宾馆，要求住最便宜的房间。 богатый

**工资** gōngzī 名词

● 她开始学着管理自己的工资，把每天花的钱都记下来。 заработная плата

**广播** guǎngbō 名词

● 刚才听广播说由于天气原因，我们的航班推迟了。 радиовещание

**盒子** hézi 名词

● 让服务员拿几个盒子来，我们把剩菜带回去吧。 коробка

低频

**活泼** huópō 形容词

● 我弟弟的性格比较活泼。 подвижный, живой

**节** jié 名词

● 今天是父亲节，你不会忘了吧？快去买礼物吧。 праздник

**竞争** jìngzhēng 名词

● 鼓励竞争能推动经济发展。 конкуренция

**镜子** jìngzi 名词

● 她正在对着镜子打扮。 зеркало

**举办** jǔbàn 动词

● 在节假日，我们经常会看到商场举办打折、降价的活动。 проводить, организовать

**浪费** làngfèi 动词

● 无论是浪费水、电，还是浪费食品、时间，都是不对的。 растрачивать, тратить впустую

**律师** lǜshī 名词

● 他以后想成为一名律师。 адвокат

**亲戚** qīnqi 名词

● 我们准备请亲戚朋友们到家里来吃顿饭。 родственники

**售货员** shòuhuòyuán 名词

● 这是一个关于顾客和售货员的笑话。 продавец

**汤** tāng 名词

● 做西红柿鸡蛋汤很简单。 суп

**同情** tóngqíng 名词

● 同情是最美好的情感之一。 сочувствие

**羡慕** xiànmù 动词

● 朋友们都很羡慕我找了一个好丈夫。 завидовать

**亚洲** Yàzhōu 名词

● 这本书介绍了亚洲很多国家的著名景点。 Азия

**严格** yángé 形容词

● 有的父母对孩子的要求很严格。 строгий

**样子** yàngzi 名词

● 这个包样子很好看，价格也还可以。 вид

**由于** yóuyú 介词

● 由于天气原因，我们的航班推迟了。 из-за того

**友好** yǒuhǎo 名词

дружба

● 握手是一种礼貌，表示友好。

**原来** yuánlái 形容词

● 他们不得不改变原来的计划。 первоначальный

**正确** zhèngquè 形容词

● 正确的减肥方法是按时吃饭，增加运动量。 правильный

**正式** zhèngshì 形容词

● 去面试的时候衣服要穿得正式一些，不能太随便。 официальный

**证明** zhèngmíng 动词

● 科学研究证明，颜色会影响人的心情，不同的颜色会给人带来不同的感情变化。 свидетельствовать

**部分** bùfen 名词

● 我们把“海”“江”“河”这些字左边的部分叫做“三点水”。 часть

**乘坐** chéngzuò 动词

● 您乘坐的航班马上就要起飞了。 ехать на, летать на

**动作** dòngzuò 名词

● 你动作快一点儿，来不及了。 действие

低频

**反对** fǎnduì 动词

● 我以为我妹妹会反对我读博士。 противиться

**符合** fúhé 动词

● 这么做完全符合国家的法律规定。 соответствовать

**怀疑** huáiyí 动词

● 不要怀疑自己的能力。 сомневаться

**尽管** jǐnguǎn 连词

● 三岁的女儿尽管很害怕打针，不过她没有哭。 несмотря на, пусть даже

**禁止** jìnzhǐ 动词

● 加油站附近禁止打电话。 запрещать

**垃圾桶** lājītǒng 名词

● 你帮我把这袋垃圾扔楼下垃圾桶里。 мусорный ящик

**美丽** měilì 形容词

● 孩子眼中的世界是美丽而奇特的。 красивый

**判断** pànduàn 动词

● 看一个人怎么说话，往往可以比较准确地判断出他是一个什么样的人。 судить, оценивать

低频

**千万**　qiānwàn　副词

обязательно, во что бы то ни стало

● 明天的面试很重要，你千万不要迟到。

**区别**　qūbié　名词

разница

● 你觉得北方和南方在气候上有什么区别？

**然而**　rán'ér　连词

но, однако

● 海洋底部看起来非常安静，然而却不是一点儿声音也没有。

**入口**　rùkǒu　名词

вход

● 这儿是出口，请您从入口进。

**稍微**　shāowēi　副词

немножко, чуть-чуть

● 今天是她第一次和男孩子约会，稍微有些紧张。

**剩**　shèng　动词

оставаться

● 油箱里剩的油不多了，看看哪儿有加油站。

**帅**　shuài　形容词

симпатичный, красивый (мужчина, мальчик)

● 那个男孩子不但长得帅，而且性格也很好。

**抬** tái 动词

● 咱们把沙发往窗户那儿抬一下，这样看电视更舒服些。 несте (напр., диван)

**无论** wúlùn 连词

● 无论成功还是失败，努力过的人都应获得掌声。 несмотря на то, что

**优点** yōudiǎn 名词

● 人应该学会认识自己。不仅要看到自己的优点，也要了解自己的缺点。 преимущество

**主意** zhǔyi 名词

● 售货员给小云出了一个好主意。 идея

**座** zuò 量词

счётное слово для гор, зданий и т.п.

● 北京有一座山叫香山，非常有名。

**表格** biǎogé 名词

● 请把那张表格打印两份。 бланк

**饼干** bǐnggān 名词

● 您可以尝一下这种饼干。 печенье

**猜** cāi 动词

● 你猜我今天整理房间的时候找到什么了？ угадывать

低频

**得** děi 助动词

- 咱们还得负责打印会议材料呢。 должно, следует

**低** dī 形容词

- 夏天开空调，温度不能太低。 низкий

**敢** gǎn 动词

- 她打网球很厉害，你敢和她打吗？ сметь

**管理** guǎnlǐ 动词

- 管理者在解决问题时，一定要选择最直接、最有效的方法。 управлять

**规定** guīdìng 名词

- 按照商场规定，我们是不能给您换的。 правило

**寒假** hánjià 名词

- 快要放寒假了。 зимние каникулы

**基础** jīchǔ 名词

- 无论什么时候，美丽的基础都是健康。如果没有了健康，也就没有了美丽。 основание

**满** mǎn 形容词

- 礼堂里坐满了人。 полный, завершённый

**毛巾** máojīn 名词

● 她不愿意用宾馆的毛巾。 полотенце

**首先** shǒuxiān 连词

● 首先，记者是我最喜欢的职业，我从小就想当一名记者；其次，我大学和研究生学的都是新闻专业，符合招聘的要求。 во-первых

**输** shū 动词

● 比赛输了，他们很失望。 проиграть

**顺序** shùnxù 名词

● 请把这些报纸按照时间顺序排好。 порядок, очередь

**一切** yíqiè 代词

● 祝你们这次访问一切顺利。 все, весь, всё

**尤其** yóuqí 副词

● 很多人爱吃巧克力，尤其是女性。 особенно

**照** zhào 动词

● 我们在那儿照了很多照片。 фотографировать

**至少** zhìshǎo 副词

● 大部分人每天晚上至少应该睡7个小时。 минимум

**祝贺** zhùhè 动词

● 今天的表演真的很精彩，祝贺你们！ поздравлять

**专门** zhuānmén 副词

● 这个公司专门生产各种各样的筷子。 специально

**准确** zhǔnquè 形容词

● 对记者来说，获得及时准确的消息极其重要。 точный

**国际** guójì 名词

● 国际航班都推迟起飞了，咱可以再逛逛。 международный

**既然** jìrán 连词

● 既然你不喜欢新闻专业，那就再考虑考虑其他专业吧。 раз уж, поскольку

**奖金** jiǎngjīn 名词

● 不要眼睛里只有工资和奖金。 премия

**咳嗽** késou 动词

● 最近我总是咳嗽，吃点儿什么药好？ кашлять

**力气** lìqi 名词

● 我没力气了，爬不动了。 (физическая) сила

**梦** mèng 名词

● 中国人认为做梦是上天要告诉他们将来会发生的一些事情。 сон

**皮肤** pífū 名词

● 春季，皮肤容易干燥；夏季，长时间在阳光下对皮肤不好。 кожа

**普遍** pǔbiàn 形容词

● 六到八岁的儿童普遍好动，坐不住。 всеобщий

**其中** qízhōng 名词

● 不仅要会读书，还要会选择其中的好书来阅读。 среди них, в том числе

**敲** qiāo 动词

● 晚上，我刚刚躺下，就响起了敲门声。 стучать

**穷** qióng 形容词

● 有很多富人过得并不愉快，有些穷人却过得很快乐。 бедный

**森林** sēnlín 名词

● 森林对环境有很好的保护作用。 лес

**硕士** shuòshì 名词

● 她是马教授的硕士研究生。 магистр (учёная степень)

**随着** suízhe 介词

● 随着科学技术的发展，我们的世界正在越变越小。 по мере чего-либо

**孙子** sūnzi 名词

● 我孙子已经 8 岁了。 внук

**西红柿** xīhóngshì 名词

● 常吃西红柿对解决一些健康问题有很大的帮助。 помидор

**咸** xián 形容词

● 今天的饺子盐放多了，有点儿咸。 солёный

**约会** yuēhuì 名词

● 你今天打扮得真漂亮，有约会啊？ свидание

**不得不** bùdébù 助动词

● 重感冒让他不得不请假休息。 быть вынужденным

**长江** Cháng Jiāng 名词

● 长江是中国第一大河。 река Янцзы

**答案** dá'àn 名词

● 这道数学题的答案好像错了。 ответ

**复印** fùyìn 动词

- 图书馆一楼东边有几台自助复印机。 копировать

**感动** gǎndòng 动词

- 他被那个故事感动了。 растрогать(ся)

**合格** hégé 形容词

- 只要他这次考试的成绩都合格，就可以进入高级班学习。 квалифицированный

**加油站** jiāyóuzhàn 名词

заправочная станция, бензоколонка

- 该加油了，去机场的路上有加油站吗？

**骄傲** jiāo'ào 形容词

- 大家都以为他是一个骄傲的人。 гордый

**究竟** jiūjìng 副词

в конце концов, в конечном счёте

- 其实大部分考生并不清楚表演究竟是什么。

**举行** jǔxíng 动词

- 这次电影艺术节也许会在北京举行。 проводить, устроить

**老虎** lǎohǔ 名词

- 这座山很像一只老虎。 тигр

低频

**连** lián 介词

● 妻子当上经理后，工作比以前更辛苦了，经常要加班，有时忙起来，甚至连节假日也不能休息。 даже

**全部** quánbù 名词

● 我们的任务已经全部按计划完成了。 все, весь, всё

**受不了** shòubuliǎo

● 我真的受不了你了，你到底还要逛多久？ быть не в состоянии, терпеть

**台** tái 量词

● 咱家的洗衣机坏了，商场正好打折，我们顺便买一台吧。 счётное слово для техники

**研究** yánjiū 名词

● 研究发现，用35度的温水刷牙才是最合适的。 изучать, исследовать

**盐** yán 名词

● 今天的饺子盐放多了，有点儿咸。 соль

**以为** yǐwéi 动词

● 有些人喜欢不停地换工作，他们总以为新工作一定比现在的好。 ошибочно думать

**自然** zìrán 名词

● 太阳对大自然的影响很大。 природа

**笨** bèn 形容词

● 聪明人和笨人的最大区别是：聪明人能从失败中学到经验，笨人只是一直在想为什么自己总是一个失败者。 глупый, тупой

**厨房** chúfáng 名词

● 厨房里的这个灯太暗了。 кухня

**降低** jiàngdī 动词

● 随着现代技术的发展，笔记本电脑的价格大大降低。 снизить(ся)

**空** kòng 名词

● 有空儿你应该多回家看看爸妈。 свободный

**例如** lìrú 动词

● 幽默包括很多方面，最主要的是语言上的幽默，例如讲笑话。 например

**流利** liúlì 形容词

● 他的中文说得很流利。 свободно, бегло

**马虎** mǎhu 形容词

● 他的优点是有礼貌，诚实，能吃苦，就是太马虎、太粗心了，不适 небрежный

低频

合我们的工作。

**难道** nándào 副词

● 怎么又买这么多饼干和巧克力，难道你不减肥了？ неужели, разве

**乒乓球** pīngpāngqiú 名词

● 昨天那场乒乓球比赛你看了吗？ настольный теннис

**葡萄** pútao 名词

● 葡萄酒是用新鲜的葡萄或者葡萄汁制造的饮料。 виноград

**其次** qícì 连词

● 首先，记者是我最喜欢的职业，我从小就想当一名记者；其次，我大学和研究生学的都是新闻专业，符合招聘的要求；第三，我有丰富的工作经验，而且做事细心，比较有责任心。 во-вторых

低频

**桥** qiáo 名词

● 那座桥有 800 年的历史了。 мост

**糖** táng 名词

● 奇怪，你忘记放糖了吗？这杯咖啡怎么这么苦？ сахар

**牙膏** yágāo 名词

● 牙膏快用完了，一会儿去 зубная паста

超市记得买新的。

**眼镜** yǎnjìng 名词

● 对面戴眼镜的那个人你认识吗？ очки

**语法** yǔfǎ 名词

● 这个句子没有语法错误。 грамматика

**云** yún 名词

● 伤心的人好像一朵云，走到哪里，哪里就阴雨不断。 облако

**正常** zhèngcháng 形容词

● 这台电脑终于又能正常工作了。 нормальный

**出现** chūxiàn 动词

● 每当我遇到困难的时候，他几乎都能在第一时间出现，帮助我解决问题。 появиться

**拉** lā 动词

● 手机拉近了人与人之间的距离。 к себе; тянуть

**普通话** pǔtōnghuà 名词

путунхуа (*официальная норма китайского языка в КНР*)

● 你好，我想报名参加这个月的普通话水平考试。

低频

**轻**　qīng　形容词

● 我要去买一个轻一点儿的行李箱。 лёгкий

**省**　shěng　名词

● 长江共流经 11 个省市。 провинция

**趟**　tàng　量词

● 我这儿有一份材料，麻烦你替我跑一趟，给关教授送过去。 раз (счётное слово)

**醒**　xǐng　动词

● 妹妹弹钢琴的声音把爷爷吵醒了。 проснуться

**于是**　yúshì　连词

● 不少人刚开始运动时，会感觉十分无聊，于是很快就放弃了。 таким образом, и тогда

**预习**　yùxí　动词

преподготовительные занятия на дому

● 课前预习和课后复习是必不可少的。

**允许**　yǔnxǔ　动词

● 司机喝酒后不允许开车。 разрешать, позволять

**只好**　zhǐhǎo　副词

● 昨天是报名最后一天，我错过了，只好下次再考了。 остаётся лишь

低频

**到处** dàochù 副词

везде

● 北方也许还在下着雪，南方却已经到处都是绿色了。

**放暑假** fàng shǔjià

находиться на летних каникулах

● 马上就要放暑假了，你有什么安排吗？

**害羞** hàixiū 形容词

скромный, робкий, застенчивый

● 其实他只是有点儿害羞。

**偶尔** ǒu'ěr 副词

иногда, время от времени

● 偶尔的失败其实可以让我们清楚自己还有什么地方需要提高。

**首都** shǒudū 名词

столица

● 首都体育馆今天晚上有活动。

**躺** tǎng 动词

лечь, лежать

● 躺着看书对眼睛不好。

**无** wú 动词

вне зависимости от, как бы ни

● 世界上第一部无声电影出现的时候，吸引了成千上万的观众。

**行** xíng 动词

можно, хорошо

● 别人说什么不重要，自己

低频

感觉快乐就行了。

**性别** xìngbié 名词

- 关阿姨，您先填一下这张申请表，姓名、性别、年龄和电话号码都要写。 пол

**以** yǐ 介词

- 以前的人以胖为美，现在的人以瘦为美。 в соответствии с; согласно; по

**抱** bào 动词

- 赛后他们激动地抱在了一起。 обнять(ся)

**地点** dìdiǎn 名词

- 明天的集合地点改在东门了。 место, пункт

**果汁** guǒzhī 名词

- 你喝果汁还是咖啡？ фруктовый сок

**假** jiǎ 形容词

- 真的假的？你是在开玩笑骗我吧？ ложный

**棵** kē 量词

счётное слово для деревьев и т.п.

- 我家后面院子里有一棵树。

**可怜** kělián 形容词

- 他很可怜，他妻子太懒，不做饭，不洗衣服，连孩子也不带。 жалкий, несчастный

低频

**世纪** shìjì 名词

● 二十一世纪，随着现代技术的发展，笔记本电脑的价格大大降低。 век

**死** sǐ 名词

● 生、老、病、死是一个极其自然的过程。 смерть

**响** xiǎng 动词

● 晚上，我刚刚躺下，就响起了敲门声。 звучать, издавать звук

**倍** bèi 数词

● 考生的数量比去年增长了五倍。 раз

**词语** cíyǔ 名词

● 遇到不认识的词语，我会马上查词典。 слово

**短信** duǎnxìn 名词

● 发短信很麻烦。 сообщение

**对话** duìhuà 名词

● 要学会用感情和观众进行对话与交流。 диалог

**干杯** gānbēi 动词

● 为我们的友谊干杯。 выпить до дна

**干** gàn 动词

● 我打算毕业以后先在叔叔开的公司里干一段时间。 работать, делать

**故意** gùyì 副词

● 抱歉！我不是故意的，我没注意到。 намеренно

**旅行** lǚxíng 动词

● 我姐姐是大学老师，每个寒暑假她都会出去旅行。 путешествовать

**脱** tuō 动词

● 衣服脏了，脱下来洗洗吧。 раздеться

**百分之** bǎi fēn zhī 介词

● 超过百分之九十的人表示愿意参加环保活动。 процент

**错误** cuòwù 名词

● 这个句子没有语法错误。 неправильный, ошибочный

**排列** páiliè 动词

● 请按从小到大的顺序排列这些数字。 ставить по порядку

**填空** tiánkòng 动词

● 填空题 заполнить пропуски

低频

**对于** duìyú 介词

● 对于这个消息，女的觉得怎么样？ о (об), про, что касается

**自信** zìxìn 名词

● 你要有自信。 уверенность

**棒** bàng 形容词

● 你的汉语说得真棒。 здорово, замечательно

**包子** bāozi 名词

● 他每天早上都吃包子。 пирожок

**比如** bǐrú 动词

● 我去过很多地方，比如上海、北京、广州。 например

**餐厅** cāntīng 名词

● 你来过这家餐厅吃饭吗？ ресторан, столовая

**厕所** cèsuǒ 名词

● 请问厕所在哪儿？ туалет

**存** cún 动词

● 我在银行存钱。 хранить, сохранить

**打招呼** dǎ zhāohu

● 你跟她打招呼了吗？ здороваться

# 零频词汇

刀　dāo　名词

❶我买了一把很锋利的刀。　нож
❷这把刀是新买的。

倒　dào　形容词

❶这幅画挂倒了。　налить, повернуть вверх ногами
❷她的书拿倒了。

登机牌　dēngjīpái　名词

❶请保管好你的登机牌。　посадочный талон
❷你拿到登记牌了吗？

房东　fángdōng　名词

❶房东是一个很好的人。　хозяин дома
❷这是我的房东。

放松　fàngsōng　动词

❶周末你应该好好放松一下。　ослабить
❷我想好好放松一下。

付款　fùkuǎn　动词

❶您可以用现金付款吗?　платить
❷让我来付款吧。

**赶** gǎn 动词

дoгонять, торопиться

❶ 他赶着去上学。
❷ 她赶着去坐车。

**高速公路** gāosù gōnglù 名词

скоростная автомагистраль

❶ 高速公路上有很多车。
❷ 这是新建的高速公路。

**胳膊** gēbo 名词

рука

❶ 她的胳膊很长。
❷ 我的胳膊没有她的长。

**功夫** gōngfu 名词

кунг-фу

❶ 我很喜欢中国功夫。
❷ 你会中国功夫吗?

**国籍** guójí 名词

гражданство

❶ 你是什么国籍?
❷ 我的国籍是美国。

**互联网** hùliánwǎng 名词

интернет

❶ 互联网已经成为人们生活中的一个重要部分。
❷ 互联网越来越重要了。

**火** huǒ 名词

огонь

❶ 不要玩火，很危险。
❷ 火越来越大了。

**建议** jiànyì 动词

предлагать, рекомендовать, советовать

❶我建议你今天不要出去，可能会下大雨。
❷我建议你带雨伞出去。

**降落** jiàngluò 动词

спускаться, приземляться

❶飞机安全降落在机场上。
❷飞机正在降落。

**郊区** jiāoqū 名词

пригород

❶我爸爸妈妈住在郊区。
❷郊区的景色很美丽。

**接着** jiēzhe 副词

вслед за этим, следом

❶我回到家先吃饭，接着看电视。
❷这本书，你看完了我接着看。

**景色** jǐngsè 名词

пейзаж

❶这里的景色太美了！
❷你喜欢这里的景色吗？

**举** jǔ 动词

поднимать, держать

❶回答问题前要先举手。
❷请举起你们的右手。

**聚会** jùhuì 名词

собрание, встреча, вечеринка

❶很高兴你们

来参加这次聚会。
❷你能参加这次聚会吗？

**开心** kāixīn 形容词

веселый

❶大家今天玩得很开心。
❷你为什么这么开心呢？

**烤鸭** kǎoyā 名词

жареная утка

❶你吃过北京烤鸭吗？
❷北京烤鸭很有名。

**客厅** kètīng 名词

гостиная

❶爸爸和妈妈在客厅聊天。
❷她家的客厅很大。

**矿泉水** kuàngquánshuǐ 名词

минеральная вода

❶她喜欢喝矿泉水。
❷这是我的矿泉水。

**来自** láizì 动词

приехать от, из

❶我来自中国。
❷你来自哪里？

**礼拜天** lǐbàitiān 名词

воскресенье

❶礼拜天你要去哪里？
❷我礼拜天去公园。

**零钱** língqián 名词

мелочь

❶我没有带零钱。
❷你有零钱吗？

**毛** máo 名词

шерсть

❶那只小鸟的毛是绿色的。
❷小鸟的毛很短。

**迷路** mílù 动词

Закуска

❶昨天我迷路了。
❷我在森林里迷路了。

**秒** miǎo 量词

секунда

❶现在是11点40分15秒。
❷这次赛跑他用了45秒。

**排队** páiduì 动词

вставать в очередь

❶我在排队买东西。
❷我每天都得排队等公共汽车。

**勺子** sháozi 名词

ложка

❶这个勺子很大。
❷他不会用勺子。

**是否** shìfǒu 副词

да или нет, ли

❶你明天是否会来我家？
❷我不知道是否应该接受她的礼物。

**提** tí 动词

держать в руке, носить

❶她手里提着很多水果。
❷她提着箱子走了进去。

**同时** tóngshí 名词

❶我不能同时做两件事。 одновременно
❷我们是同时回到家的。

**推** tuī 动词

❶他推开了门。 от себя, толкнуть
❷他把我从房间里推了出来。

**卫生间** wèishēngjiān 名词

❶请问卫生间在哪儿? туалет
❷不好意思，我去一下卫生间。

**现金** xiànjīn 名词

❶请问您是用现金付款还是刷卡? наличные
❷她身上有很多现金。

**橡皮** xiàngpí 名词

❶我新买了一个橡皮。 резина
❷这个橡皮是你的吗?

**小吃** xiǎochī 名词

❶这里有很多小吃，很好吃。 закуски
❷你吃过北京的小吃吗？

**小伙子** xiǎohuǒzi 名词

❶这个小伙子长得很高。 парень
❷小伙子，你真棒!

**信封** xìnfēng 名词

конверт

❶ 你能帮我买一个信封吗?
❷ 这个信封真漂亮。

**信息** xìnxī 名词

информация

❶ 你收到我发给你的信息了吗?
❷ 他给我发了信息。

**修理** xiūlǐ 动词

ремонтировать

❶ 小李帮我把自行车修理好了。
❷ 这双鞋需要修理。

**学期** xuéqī 名词

семестр

❶ 新的学期又开始了。
❷ 这个学期我要好好学习。

**要是** yàoshi 连词

если, если бы

❶ 要是我有时间就可以和你一起吃饭。
❷ 要是我有很多钱，我就买新房子。

**应聘** yìngpìn 动词

подавать заявление о приеме на работу

❶ 她来应聘英语老师。
❷ 你是来应聘的吗?

**邮局** yóujú 名词

почта

❶ 请问邮局在哪儿?

❷ 小林去邮局寄信了。

**占线** zhànxiàn 动词

занято (о телефонной линии)

❶ 她的电话一直占线。
❷ 我给她拨了电话，但占线。

**重** zhòng 形容词

тяжёлый

❶ 这个箱子很重。
❷ 这张桌子很重。

**转** zhuǎn 动词

повернуть(ся), вращаться

❶ 她转过头来对我笑了。
❷ 请把头转过来。

**左右** zuǒyòu 名词

около, приблизительно

❶ 他年龄在 30 岁左右。
❷ 我十点左右回到家。

**作家** zuòjiā 名词

писатель

❶ 这个作家很有名。
❷ 我很喜欢这个作家。

策　　划：HSK 全球策划大队
责任编辑：杨　晗
俄文审校：王　薇　Самойленко Т. В.

图书在版编目（CIP）数据

HSK分频词汇. 4级 ： 汉俄对照 / 杨莹主编. — 北京 ： 华语教学出版社, 2016
ISBN 978-7-5138-1029-6

Ⅰ. ①H… Ⅱ. ①杨… Ⅲ. ①汉语－词汇－对外汉语教学－水平考试－自学参考资料 Ⅳ. ①H195.4

中国版本图书馆 CIP 数据核字 (2015) 第 229980 号

HSK 分频词汇 · 4 级

杨莹 主编

*



华语教学出版社有限责任公司出版
（中国北京百万庄大街 24 号　邮政编码 100037）
电话：(86)10-68320585　68997826
传真：(86)10-68997826　68326333
网址：www.sinolingua.com.cn
电子信箱：hyjx@sinolingua.com.cn
北京京华虎彩印刷有限公司印刷
2016 年（32 开）第 1 版
2019 年第 1 版第 2 次印刷
（汉俄）
ISBN 978-7-5138-1029-6
定价：39.00 元